Impressum
Verlag: BABADADA GmbH, Nedderfeld 112 , 22529 Hamburg
Geschäftsführer / Verlagsleitung: Harald Hof
Druck: Books on Demand GmbH, In de Tarpen 42, 22848 Norderstedt

Imprint
Publisher: BABADADA GmbH, Nedderfeld 112 , 22529 Hamburg, Germany
Managing Director / Publishing direction: Harald Hof
Print: Books on Demand GmbH, In de Tarpen 42, 22848 Norderstedt

escola

école

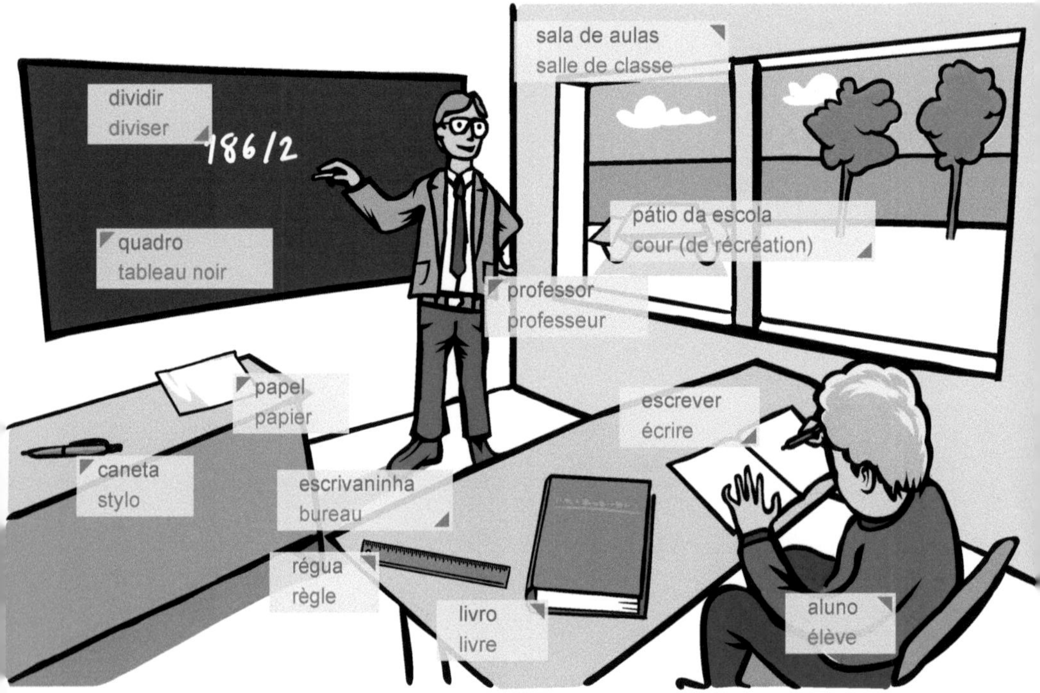

sala de aulas
salle de classe
dividir
diviser
186/2
quadro
tableau noir
pátio da escola
cour (de récréation)
professor
professeur
papel
papier
escrever
écrire
caneta
stylo
escrivaninha
bureau
régua
règle
livro
livre
aluno
élève

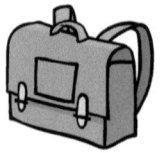

sacola

cartable

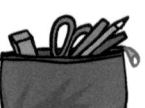

estojo de lápis

trousse

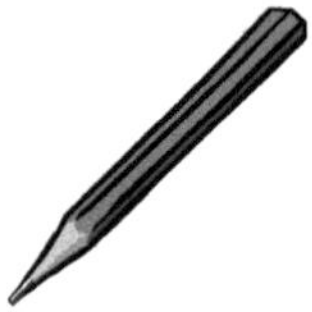

lápis

crayon

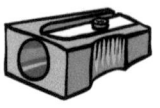

apontador de lápis

taille-crayon

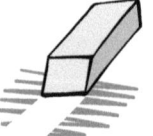

borracha

gomme

bloco de desenho

carnet à dessin

desenho
dessin

pincel
pinceau

estojo de tintas
boîte de peinture

tesoura
ciseaux

cola
colle

livro de exercícios
cahier d'exercices

lição de casa
devoirs

número
chiffre

somar
additionner

subtrair
soustraire

multiplicar
multiplier

calcular
calculer

letra
lettre

alfabeto
alphabet

palavra
mot

texto

texte

ler

lire

giz

craie

hora

leçon

registro da classe

livre de classe

exame

examen

certificado

certificat

uniforme escolar

uniforme scolaire

educação

formation

enciclopédia

lexique

universidade

université

microscópio

microscope

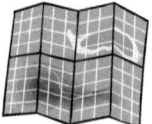

mapa

carte

cesto de lixo

corbeille à papier

viagem

voyage

hotel
hôtel
Grand
albergue
auberge
ROOMS
casa de câmbio
bureau de change
CHANGE
mala
valise
carro
voiture

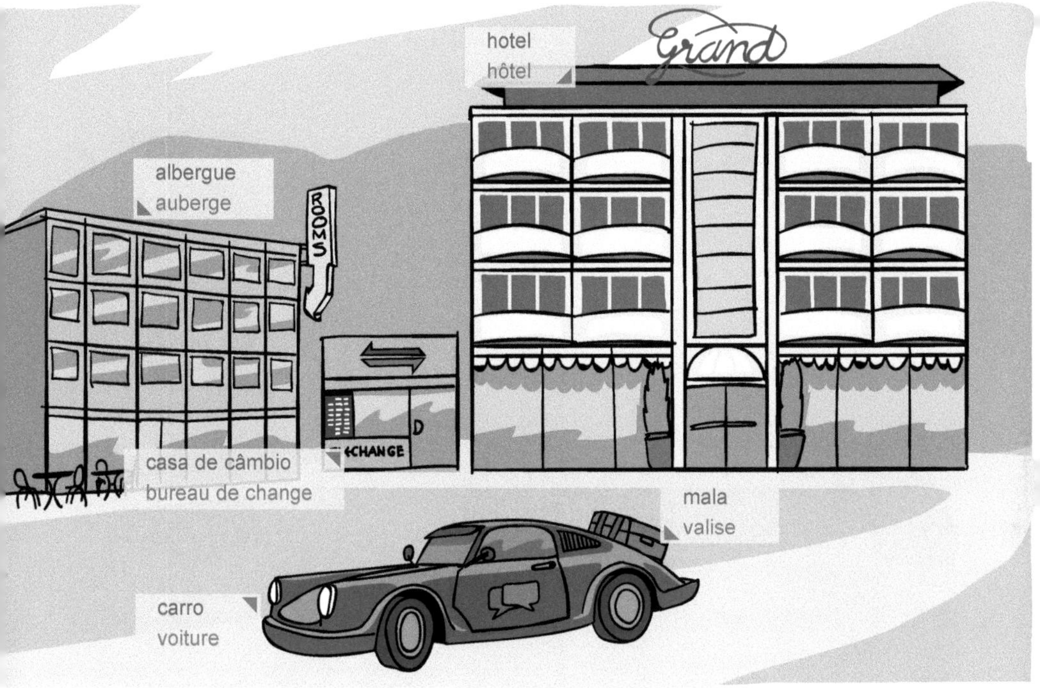

idioma
....
langue

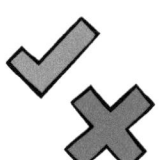

sim / não
....
oui / non

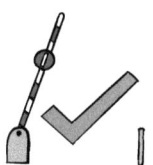

ok
....
d'accord

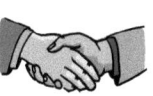

Olá
....
Salut

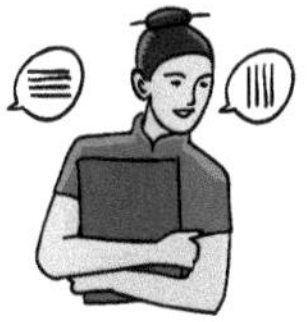

tradutor
....
interprète

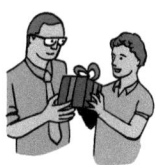

obrigado
....
merci

quanto custa...?

Combien coûte...?

eu não entendo

Je ne comprends pas

problema

problème

boa noite!

Bonsoir !

Bom dia!

Bonjour !

Boa noite!

Bonne nuit !

até logo

Au revoir

direção

direction

bagagem

bagages

bolsa

sac

mochila

sac-à-dos

convidado

hôte

quarto

pièce

saco de dormir

sac de couchage

barraca

tente

informação turística

office de tourisme

praia

plage

cartão de crédito

carte de crédit

café da manhã

petit-déjeuner

almoço

déjeuner

jantar

dîner

bilhete

billet

elevador

ascenseur

selo

timbre

fronteira

frontière

alfândega

douane

embaixada

ambassade

visto

visa

passaporte

passeport

transporte
transport

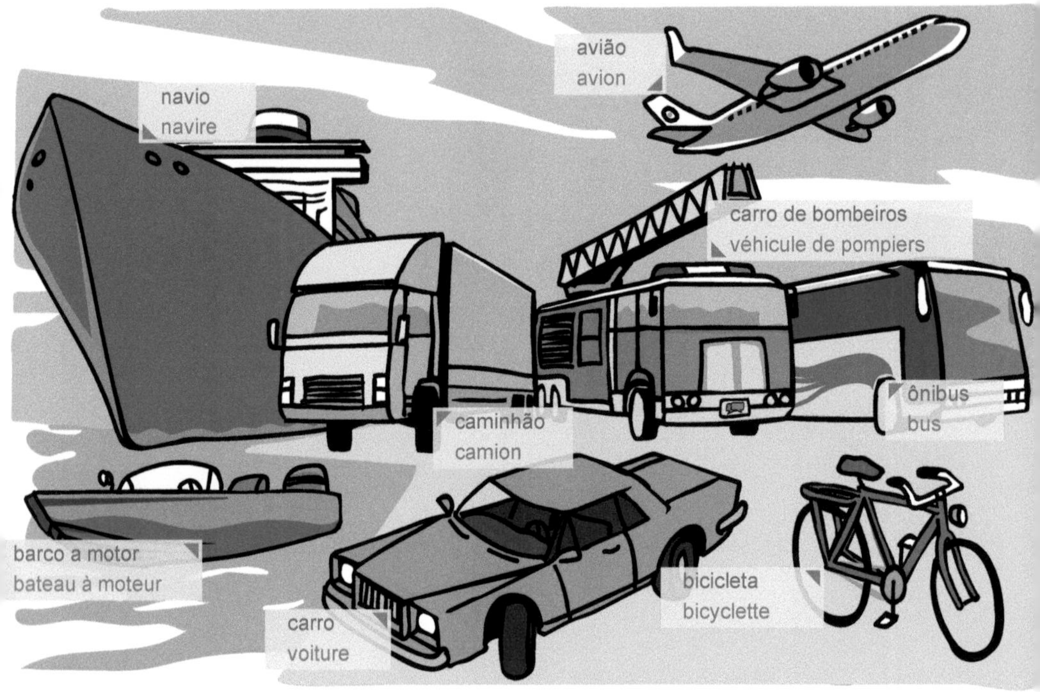

avião
avion
navio
navire
carro de bombeiros
véhicule de pompiers
ônibus
bus
caminhão
camion
barco a motor
bateau à moteur
bicicleta
bicyclette
carro
voiture

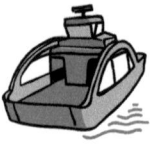

balsa

ferry

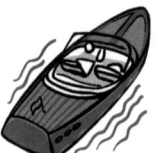

barco

barque

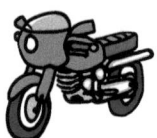

motocicleta

moto

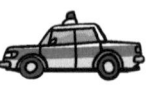

veículo policial

voiture de police

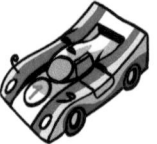

carro de corrida

voiture de course

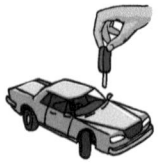

carro de aluguel

voiture de location

compartilhamento de
automóvel
·················
auto-partage

caminhão de reboque
·················
voiture de remorquage

caminhão de lixo
·················
benne à ordures

motor
·················
moteur

combustível
·················
essence

posto de gasolina
·················
station d'essence

placa de trânsito
·················
panneau indicateur

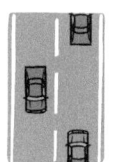

trânsito
·················
trafic

trânsito lento
·················
embouteillage

estacionamento
·················
parking

estação de trem
·················
gare

trilhos
·················
rails

trem
·················
train

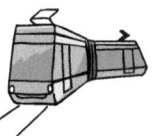

bonde
·················
tramway

vagão
·················
wagon

helicóptero

hélicoptère

aeroporto

aéroport

torre

tour

passageiro

passager

contêiner

conteneur

cartolina

carton

carroça

chariot

cesto

corbeille

decolar / pousar

décoller / atterrir

cidade
ville

vilarejo

village

centro da cidade

centre-ville

casa

maison

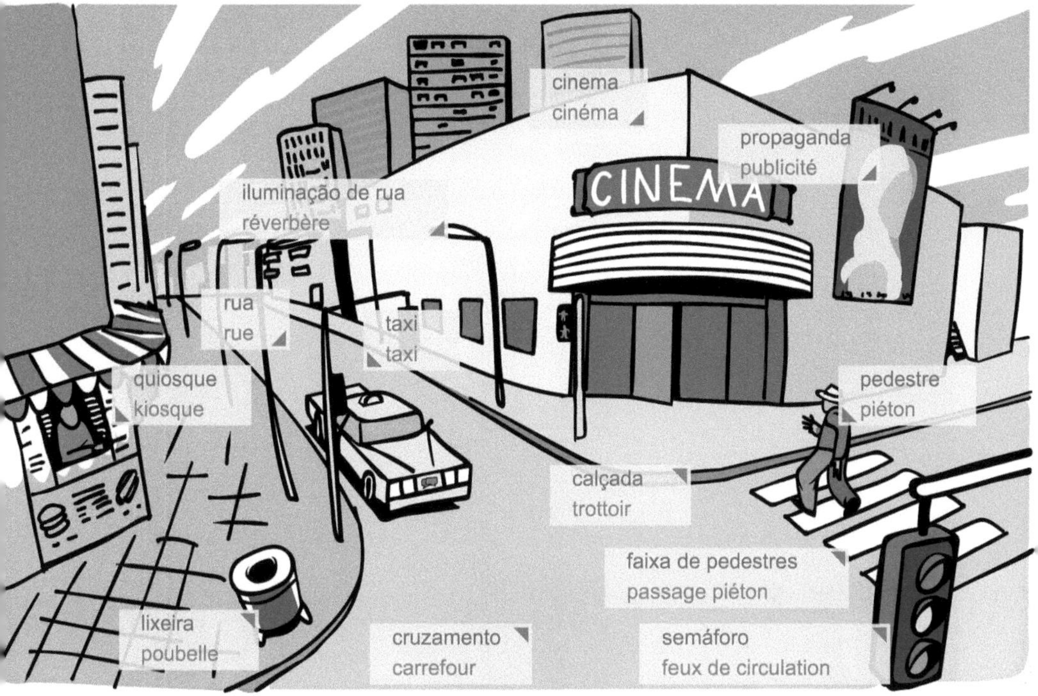

cinema
cinéma

propaganda
publicité

iluminação de rua
réverbère

CINEMA

rua
rue

taxi
taxi

pedestre
piéton

quiosque
kiosque

calçada
trottoir

faixa de pedestres
passage piéton

lixeira
poubelle

cruzamento
carrefour

semáforo
feux de circulation

cabana
cabane

apartamento
appartement

estação de trem
gare

prefeitura
mairie

museu
musée

escola
école

cidade - ville

universidade

université

banco

banque

hospital

hôpital

hotel

hôtel

farmácia

pharmacie

escritório

bureau

livraria

librairie

loja

magasin

floricultura

fleuriste

supermercado

supermarché

mercado

marché

loja de departamentos

grand magasin

peixaria

poissonnerie

centro comercial

centre commercial

porto

port

parque

parc

banco

banque

ponte

pont

escadas

escaliers

metrô

métro

túnel

tunnel

ponto de ônibus

arrêt de bus

bar

bar

restaurante

restaurant

caixa de correspondência

boîte à lettres

placa de rua

panneau indicateur

parquímetro

parcmètre

zoológico

zoo

piscina

piscine

mesquita

mosquée

fazenda

ferme

poluição

pollution

cemitério

cimetière

igreja

église

parquinho

aire de jeux

templo

temple

paisagem

paysage

folha
feuille

placa de sinalização
panneau indicateur

caminho
chemin

gramado
pré

pedra
pierre

caminhantes
randonneur

árvore
arbre

rio
rivière

grama
herbe

flor
fleur

vale

vallée

montanha

montagne

lago

lac

floresta

forêt

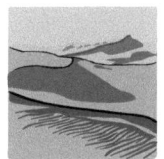

deserto

désert

vulcão

volcan

castelo

château

arco-íris

arc-en-ciel

cogumelo

champignon

palmeira

palmier

mosquito

moustique

mosca

mouche

formiga

fourmis

abelha

abeille

aranha

araignée

besouro

coléoptère

sapo

grenouille

esquilo

écureuil

ouriço

hérisson

lebre

lièvre

coruja

chouette

pássaro

oiseau

cisne

cygne

javali

sanglier

veado

cerf

alce

élan

barragem

barrage

aerogerador

éolienne

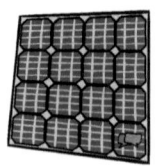

painel solar

panneau solaire

clima

climat

restaurante
restaurant

garçom
serveur
menu
menu
cadeira
chaise
sopa
soupe
pizza
pizza
talheres
couverts
toalha de mesa
nappe

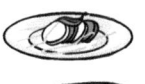

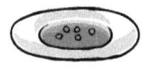

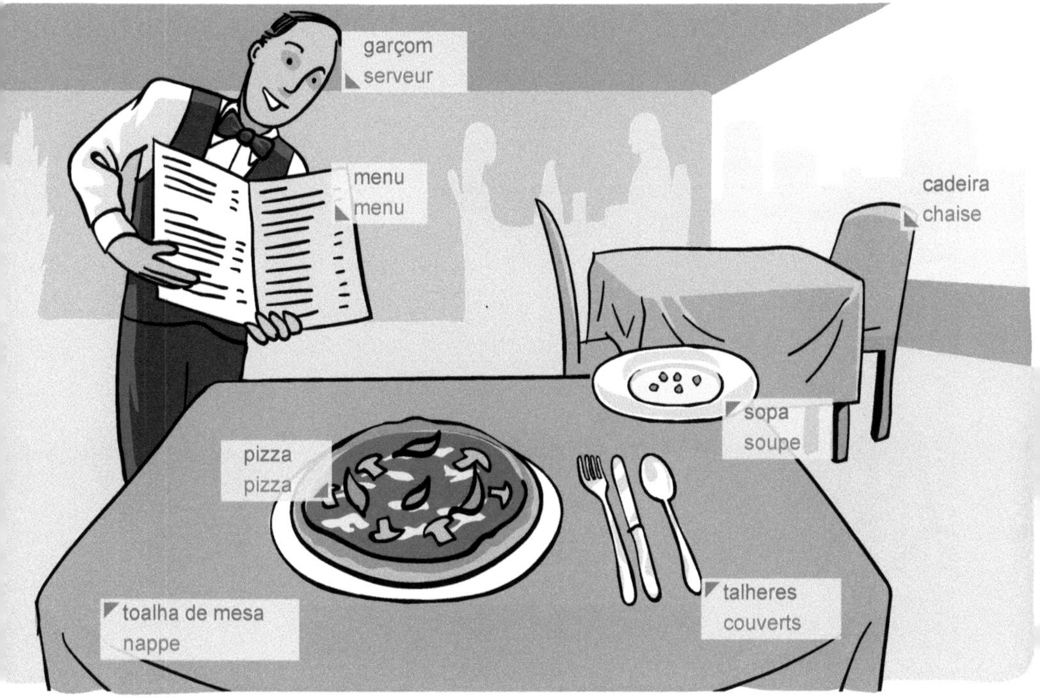

entrada

hors d'œuvre

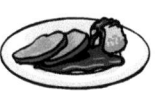

prato principal

plat principal

sobremesa

dessert

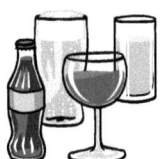

bebidas

boissons

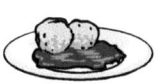

comida

alimentation

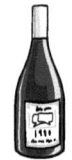

garrafa

bouteille

fastfood
fast-food

comida de rua
plats à emporter

bule de chá
théière

açucareiro
sucrier

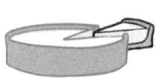

porção
portion

máquina de expresso
machine à expresso

cadeirão
chaise haute

conta
facture

bandeja
plateau

faca
couteau

garfo
fourchette

colher
cuillère

colher de chá
cuillère à thé

guardanapo
serviette

copo
verre

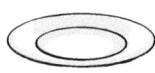

prato

assiette

prato de sopa

assiette à soupe

pires

soucoupe

molho

sauce

saleiro

salière

moedor de pimenta

moulin à poivre

vinagre

vinaigre

óleo

huile

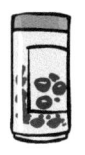

especiarias

épices

ketchup

ketchup

mostarda

moutarde

maionese

mayonnaise

supermercado
supermarché

oferta especial
offre promotionnelle
FOR
cliente
client
laticínios
produits laitiers
frutas
fruits
carrinho de compras
chariot

BUTCHERS

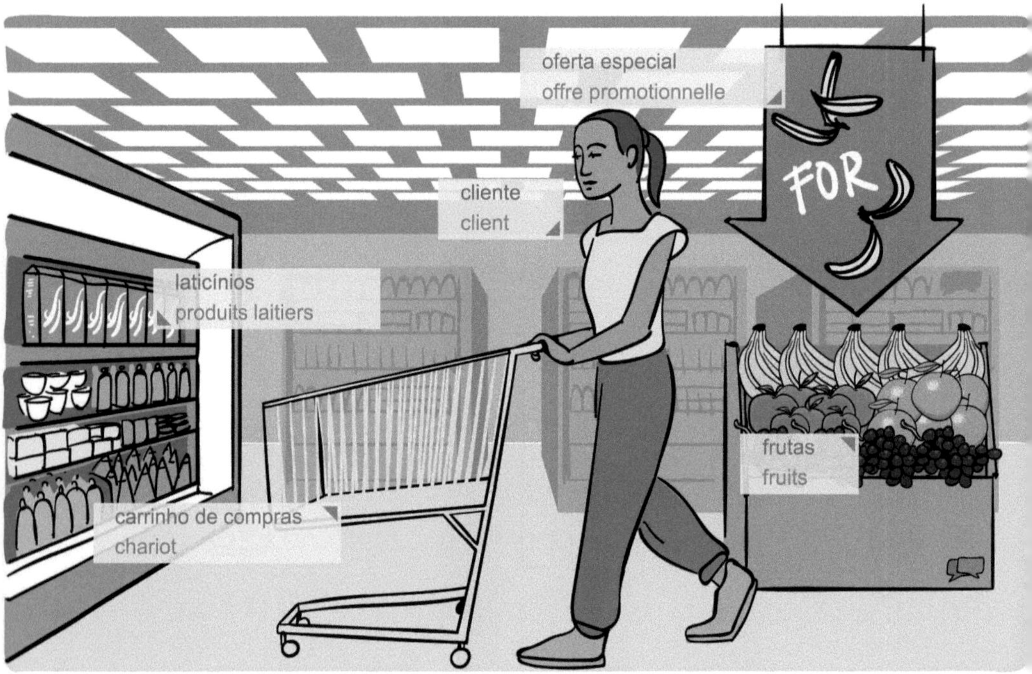

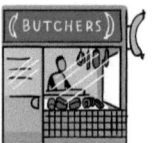

açougue

boucherie

BAKERY

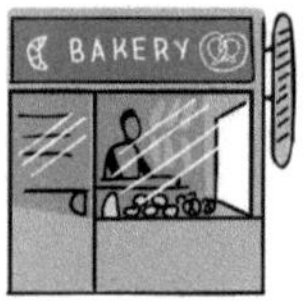

padaria

boulangerie

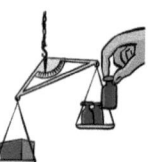

pesar

peser

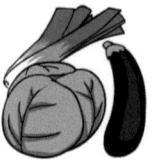

legumes

légumes

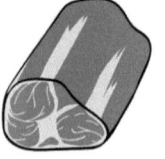

carne

viande

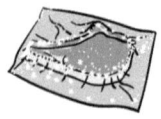

congelados

aliments surgelés

charcutaria

charcuterie

conservas

conserves

detergente em pó

poudre à lessive

doces

bonbons

artigos domésticos

articles ménagers

produtos de limpeza

détergents

vendedora

vendeuse

caixa

caisse

caixa

caissier

lista de compras

liste d'achats

horário de funcionamento

heures d'ouverture

carteira

portefeuille

cartão de crédito

carte de crédit

sacola

sac

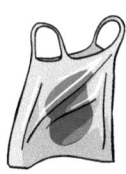

saco plástico

sac en plastique

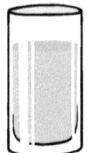

água

eau

suco

jus de fruit

leite

lait

coca-cola

coca

vinho

vin

cerveja

bière

álcool

alcool

cacau

chocolat chaud

chá

thé

café

café

expresso

expresso

cappuccino

cappuccino

banana
banane

maçã
pomme

laranja
orange

melão
melon

limão
citron

cenoura
carotte

alho
ail

bambu
bambou

cebola
oignon

cogumelo
champignon

nozes
noisettes

macarrão
pâtes

espaguete

spaghetti

arroz

riz

salada

salade

batatas fritas

pommes frites

batatas frias

pommes de terre rôties

pizza

pizza

hambúrger

hamburger

sanduíche

sandwich

escalope

escalope

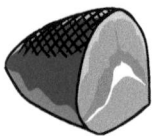

presunto

jambon

salame

salami

salsicha

saucisse

galinha

poulet

assado

rôti

peixe

poisson

flocos de aveia

flocons d'avoine

granola

muesli

flocos de milho

cornflakes

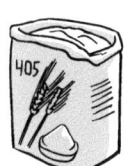

farinha

farine

croissant

croissant

pãozinho

petits-pains

pão

pain

torrada

pain grillé

biscoitos

biscuits

manteiga

beurre

requeijão

le fromage blanc

bolo

gâteau

ovo

œuf

ovo frito

œuf au plat

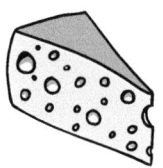

queijo

fromage

sorvete

glace

açúcar

sucre

mel

miel

geleia

confiture

creme de avelãs

crème nougat

curry

curry

fazenda
ferme

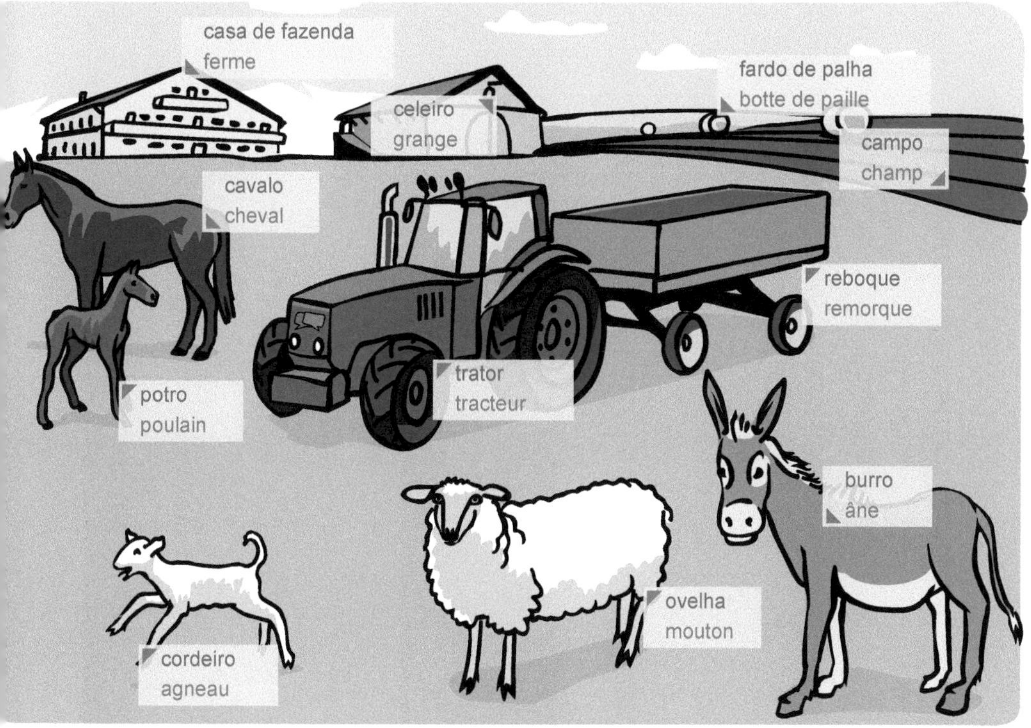
casa de fazenda
ferme
celeiro
grange
fardo de palha
botte de paille
campo
champ
cavalo
cheval
reboque
remorque
trator
tracteur
potro
poulain
burro
âne
ovelha
mouton
cordeiro
agneau

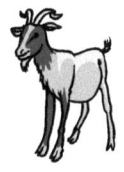

cabra

chèvre

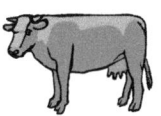

vaca

vache

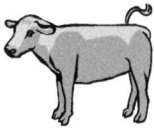

bezerro

veau

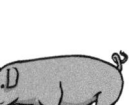

porco

porc

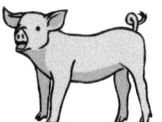

leitão

porcelet

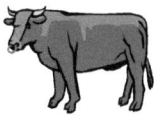

touro

taureau

ganso

oie

pato

canard

pintinho

poussin

galinha

poule

galo

coq

ratazana

rat

gato

chat

camundongo

souris

boi

bœuf

cachorro

chien

casinha do cachorro

chenil

mangueira de jardim

tuyau de jardin

regador

arrosoir

foice

faucheuse

arado

charrue

foice
faucille

enxada
pioche

forquilha
fourche

machado
hache

carrinho de mão
brouette

manjedoura
cuve

jarra de leite
pot à lait

saco
sac

cerca
clôture

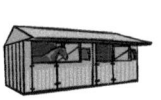

estábulo
étable

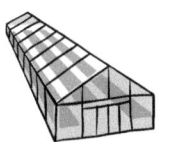

estufa
serre

solo
sol

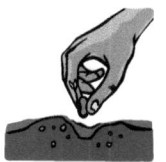

semente
semences

fertilizante
engrais

colheitadeira
moissonneuse-batteuse

colher
récolter

colheita
récolte

inhame
igname

trigo
blé

soja
soja

batata
pomme de terre

milho
maïs

colza
colza

árvore frutífera
arbre fruitier

mandioca
manioc

cereais
céréales

casa
maison

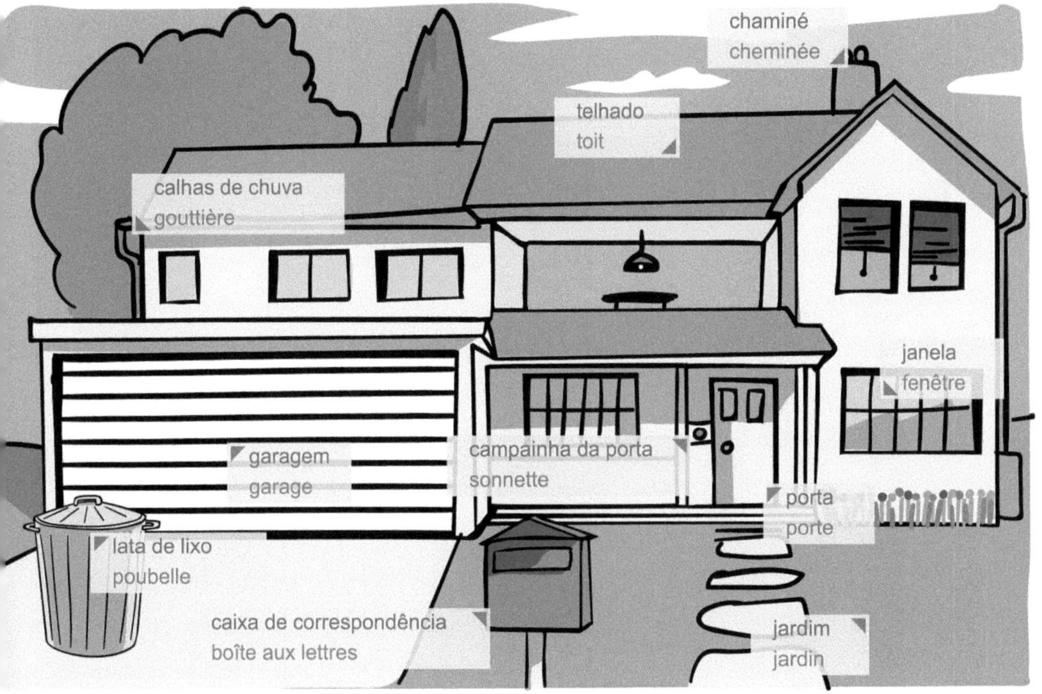
chaminé
cheminée
telhado
toit
calhas de chuva
gouttière
janela
fenêtre
garagem
garage
campainha da porta
sonnette
porta
porte
lata de lixo
poubelle
caixa de correspondência
boîte aux lettres
jardim
jardin

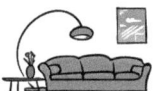

sala de estar

salon

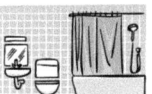

banheiro

salle de bain

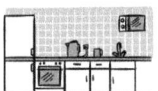

cozinha

cuisine

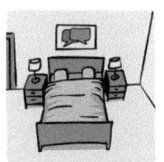

quarto de dormir

chambre à coucher

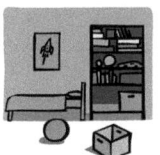

quarto de criança

chambre d'enfant

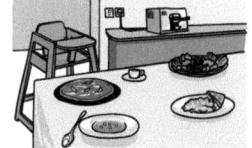

sala de jantar

salle à manger

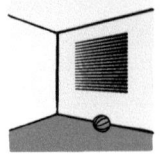

chão

sol

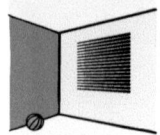

parede

mur

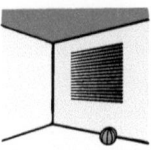

teto

plafond

porão

cave

sauna

sauna

varanda

balcon

terraço

terrasse

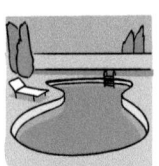

piscina

piscine

cortador de grama

tondeuse à gazon

lençol

housse

coberta

couette

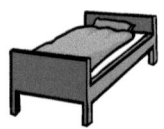

cama

lit

vassoura

balai

balde

sceau

interruptor

interrupteur

sala de estar

salon

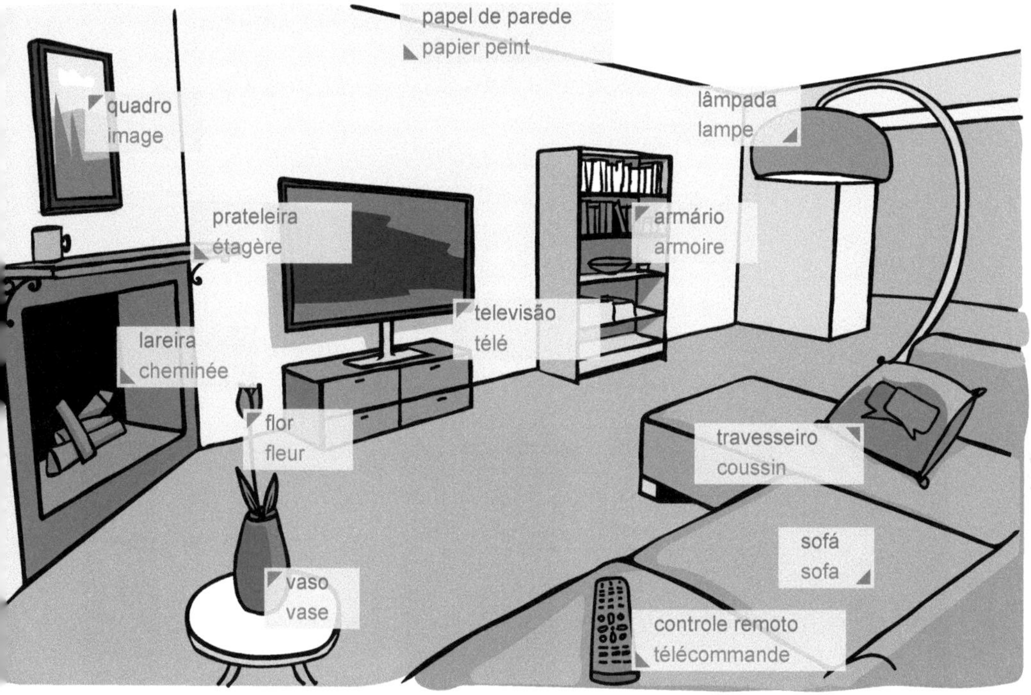

papel de parede
papier peint
quadro
image
lâmpada
lampe
prateleira
étagère
armário
armoire
televisão
télé
lareira
cheminée
flor
fleur
travesseiro
coussin
sofá
sofa
vaso
vase
controle remoto
télécommande

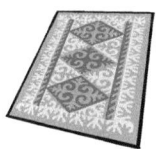

tapete

tapis

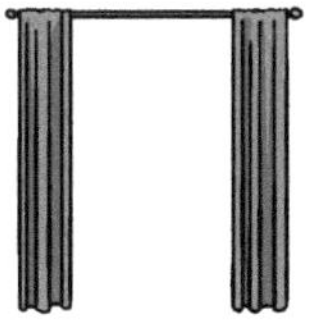

cortina

rideau

mesa

table

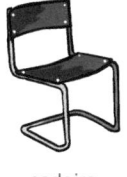

cadeira

chaise

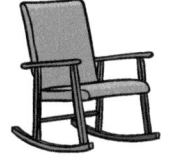

cadeira de balanço

chaise à bascule

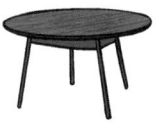

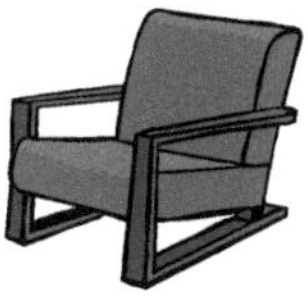

poltrona

fauteuil

livro
livre

cobertor
couverture

decoração
décoration

lenha
bois de chauffage

filme
film

equipamento de som
chaîne hi-fi

chave
clé

jornal
journal

pintura
peinture

pôster
poster

rádio
radio

bloco de notas
bloc-notes

aspirador
aspirateur

cacto
cactus

vela
bougie

cozinha
cuisine

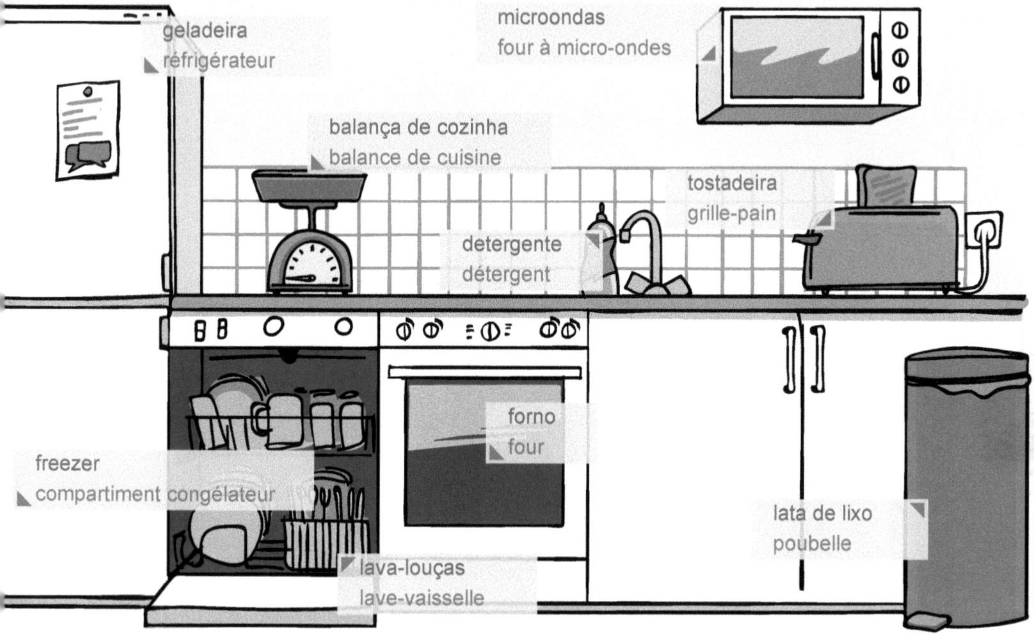
geladeira
réfrigérateur
microondas
four à micro-ondes
balança de cozinha
balance de cuisine
tostadeira
grille-pain
detergente
détergent
forno
four
freezer
compartiment congélateur
lata de lixo
poubelle
lava-louças
lave-vaisselle

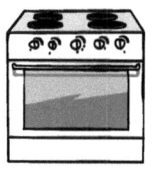

fogão
four

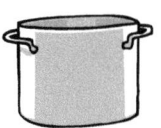

panela
casserole

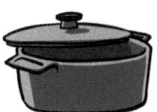

panela de ferro
marmite

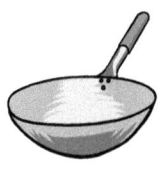

wok / kadai
wok / kadai

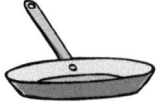

frigideira
poêle

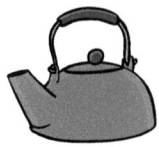

chaleira
bouilloire electrique

panela a vapor

cuiseur vapeur

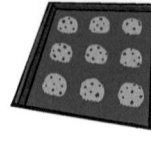

tabuleiro de forno

plaque de cuisson

louça

vaisselle

caneca

gobelet

caçarola

coupe

hashi

baguettes

concha de sopa

louche

espátula

spatule

batedor

fouet

escorredor

passoire

peneira

tamis

ralador

râpe

almofariz

mortier

churrasqueira

barbecue

lareira

cheminée

tábua de cortar

planche à découper

rolo da massa

rouleau à pâtisserie

saca-rolhas

tire-bouchon

lata

boîte

abridor de latas

ouvre-boîte

pegador de panela

maniques

pia

lavabo

escova

brosse

esponja

éponge

liquidificador

mixeur

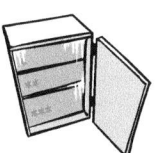

congelador

congélateur

mamadeira

biberon

torneira

robinet

banheiro
salle de bain

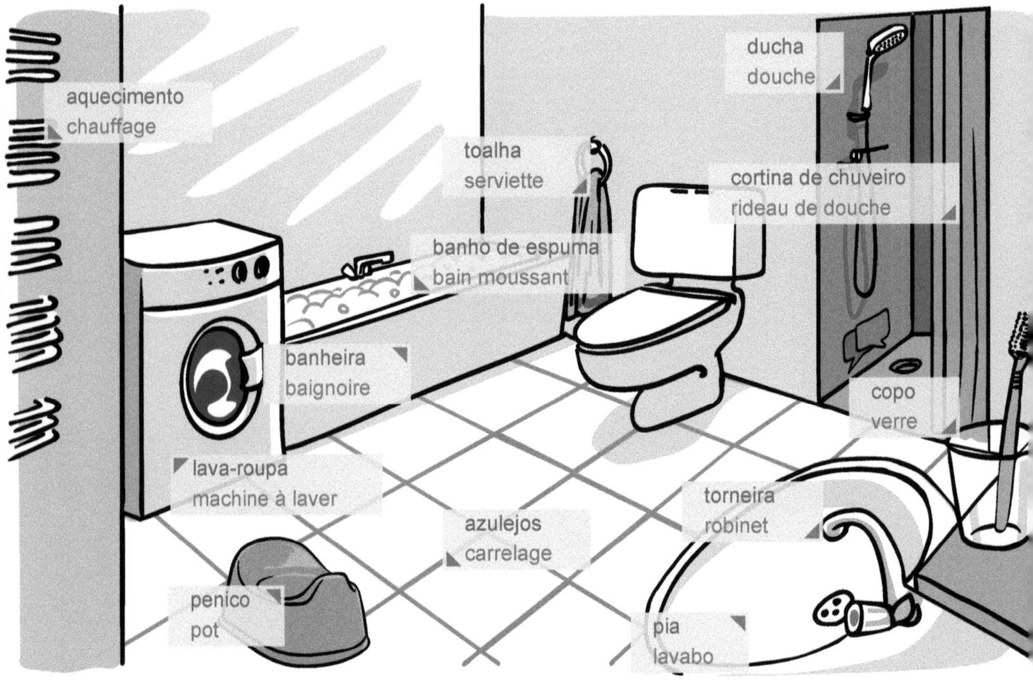

aquecimento
chauffage

ducha
douche

toalha
serviette

cortina de chuveiro
rideau de douche

banho de espuma
bain moussant

banheira
baignoire

copo
verre

lava-roupa
machine à laver

torneira
robinet

azulejos
carrelage

penico
pot

pia
lavabo

vaso sanitário
toilettes

lavabo de agachar
toilette à la turque

bidê
bidet

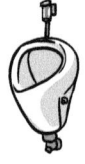

mictório
urinoir

papel higiênico
papier toilette

escova de privada
brosse à toilette

escova de dentes

brosse à dents

pasta de dentes

dentifrice

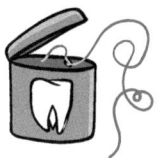

fio dental

fil dentaire

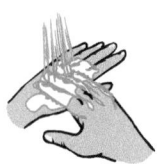

lavar

laver

ducha de mão

douche manuelle

ducha íntima

douche intime

bacia

vasque

escova para as costas

brosse dorsale

sabonete

savon

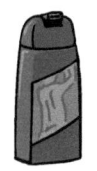

gel de banho

gel douche

xampu

shampooing

toalha de rosto

gant de toilette

escoamento

écoulement

creme

crème

desodorante

déodorant

espelho

miroir

espelho de mão

miroir cosmétique

barbeador

rasoir

espuma de barbear

mousse à raser

loção pós-barba

après-rasage

pente

peigne

escova

brosse

secador de cabelo

sèche-cheveux

spray de cabelo

laque pour cheveux

maquiagem

fond de teint

batom

rouge à lèvres

esmalte de unhas

vernis à ongles

algodão

ouate

tesoura para unhas

coupe-ongles

perfume

parfum

nécessaire

trousse de toilette

banquinho

tabouret

balança

pèse-personne

roupão de banho

peignoir

luvas de borracha

gants de nettoyage

absorvente interno

tampon

absorvente íntimo

serviettes hygiéniques

banheiro químico

toilette chimique

quarto de criança
chambre d'enfant

despertador
réveil
boneco de pelúcia
doudou
carrinho de brinquedo
voiture jouet
chacoalho
hochet
casa de bonecas
maison de poupée
presente
cadeau

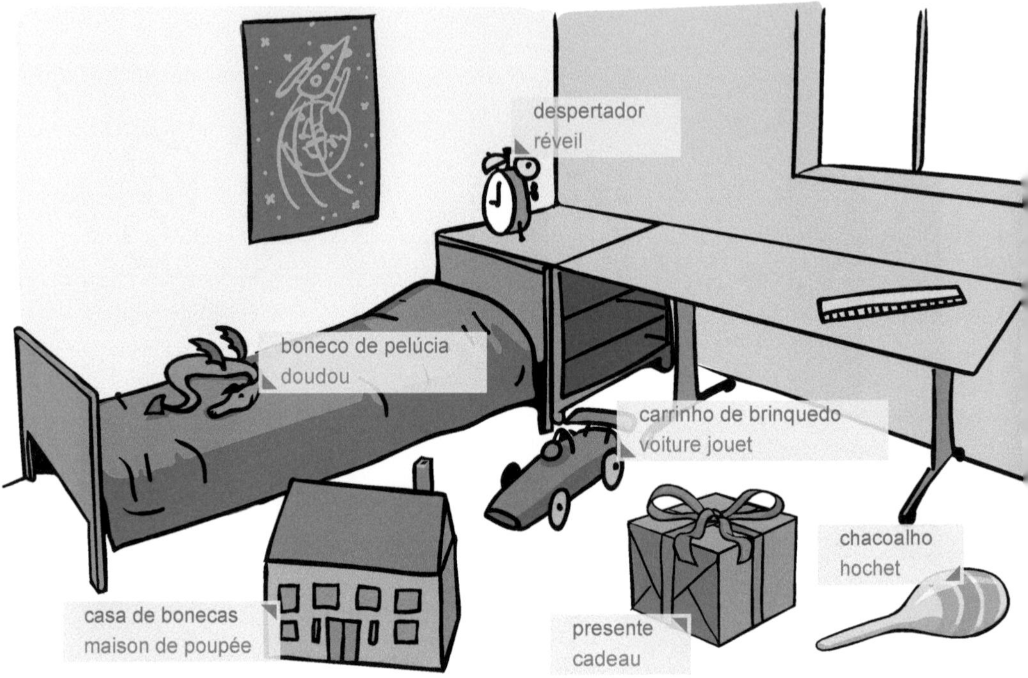

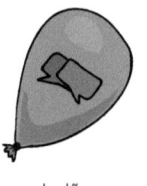

balão

ballon

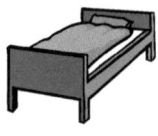

cama

lit

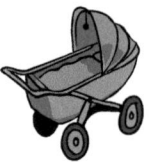

carrinho de bebê

poussette

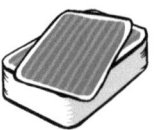

jogo de cartas

jeu de cartes

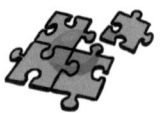

quebra-cabeças

puzzle

SUPER
MEGA

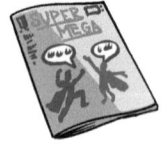

revista de quadrinhos

bande dessinée

peças de Lego

pièces lego

blocos de construção

blocs de construction

figura de ação

figurine

macaquinho de bebê

grenouillère

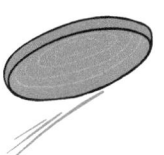

frisbee

frisbee

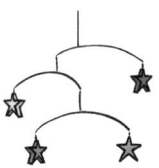

móbile para bebé

mobile

jogo de tabuleiro

jeu de société

dados

dé

trenzinho elétrico

train miniature

chupeta

sucette

festa

fête

livro ilustrado

livre d'images

bola

balle

boneca

poupée

brincar

jouer

caixa de areia

bac à sable

balanço

balançoire

brinquedos

jouets

videogame

console de jeu

triciclo

tricycle

ursinho de pelúcia

ours en peluche

guarda-roupa

armoire

vestuário

vêtements

meias

chaussettes

meias pelo joelho

bas

meias-calças

collant

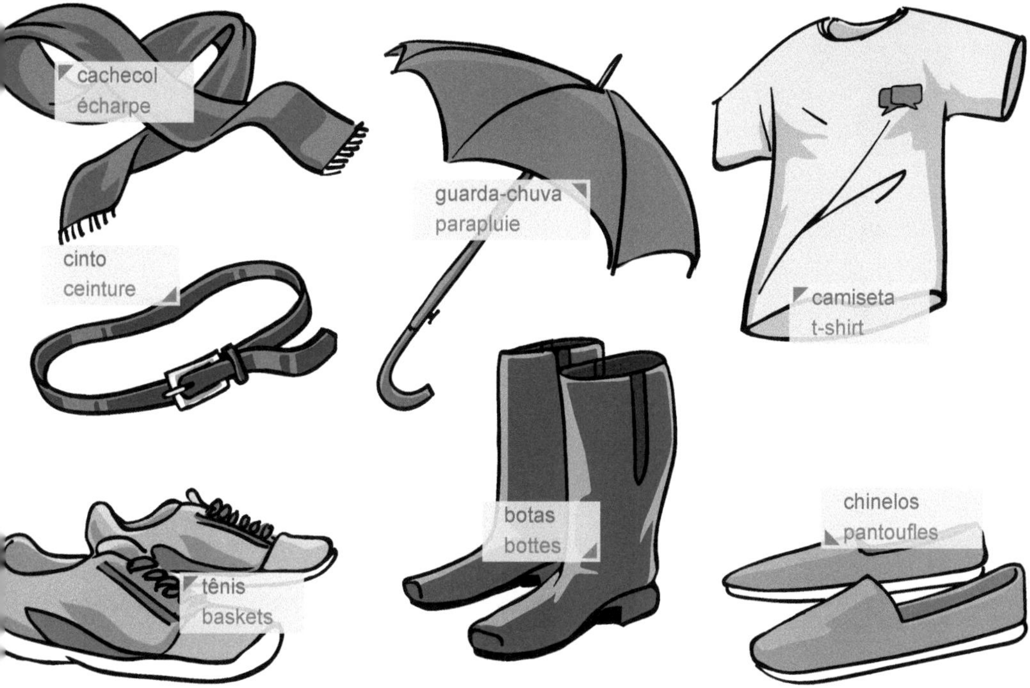

cachecol
écharpe

guarda-chuva
parapluie

camiseta
t-shirt

cinto
ceinture

botas
bottes

chinelos
pantoufles

tênis
baskets

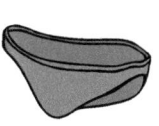

sandálias
....
sandales

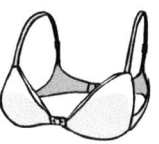

sapatos
....
chaussures

botas de borracha
....
bottes de caoutchouc

roupa de baixo
....
sous-vêtements

sutiã
....
soutien-gorge

camiseta de baixo
....
maillot de corps

vestuário - vêtements

body
body

calças
pantalon

jeans
jean

saia
jupe

blusa
chemisier

camisa
chemise

pulôver
pull

suéter com capuz
sweat à capuche

blazer
veste

jaqueta
veste

casaco
manteau

gabardine
imperméable

traje
costume

vestido
robe

vestido de casamento
robe de mariée

terno

costume

camisola

chemise de nuit

pijama

pyjama

sari

sari

lenço de cabeça

foulard

turbante

turban

burca

burqa

cafetã

caftan

abaya

abaya

maiô

maillot de bain

sunga

maillot de bain

shorts

short

roupa de treino

tenue d'entraînement

avental

tablier

luvas

gants

botão

bouton

óculos

lunettes

pulseira

bracelet

colar

collier

anel

bague

brinco

boucle d'oreille

boné

bonnet

cabide

cintre

chapéu

chapeau

gravata

cravate

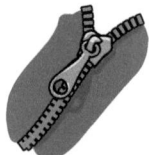

zíper

fermeture éclair

capacete

casque

suspensórios

bretelles

uniforme escolar

uniforme scolaire

uniforme

uniforme

babador
bavoir

chupeta
sucette

fralda
lange

escritório
bureau

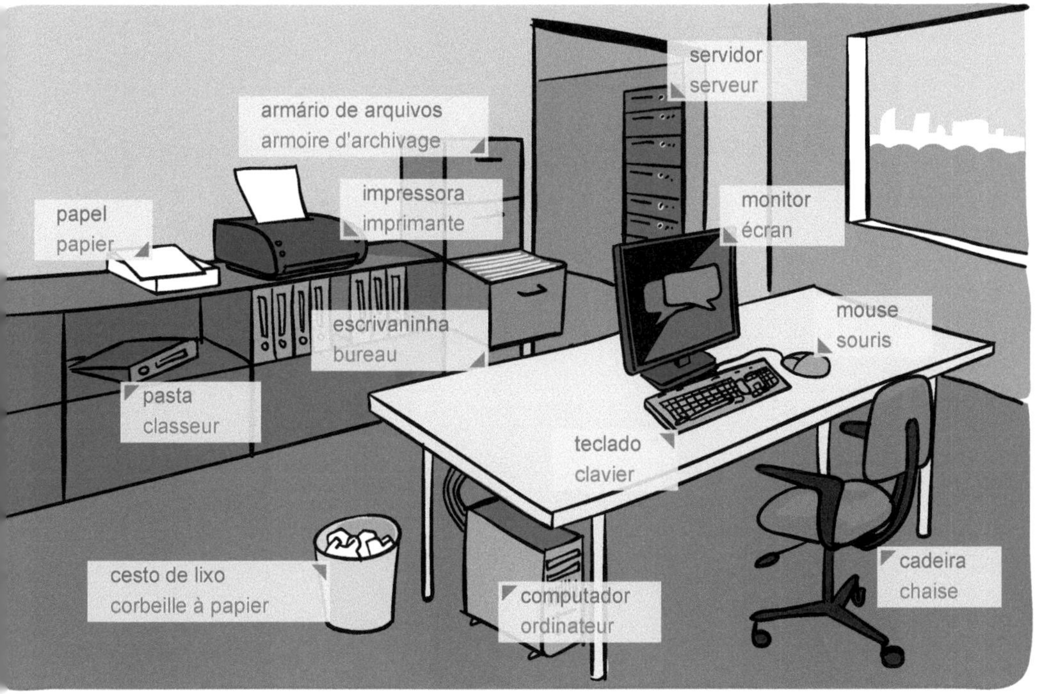

servidor
serveur

armário de arquivos
armoire d'archivage

impressora
imprimante

monitor
écran

papel
papier

escrivaninha
bureau

mouse
souris

pasta
classeur

teclado
clavier

cesto de lixo
corbeille à papier

cadeira
chaise

computador
ordinateur

xícara de café
tasse de café

calculadora
calculatrice

internet
internet

laptop
ordinateur portable

carta
lettre

mensagem
message

celular
portable

rede
réseau

copiadora
photocopieuse

software
logiciel

telefone
téléphone

tomada
prise

fax
fax

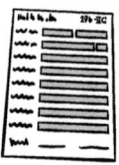

formulário
formulaire

documento
document

comprar

acheter

pagar

payer

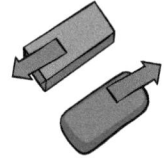

negociar

faire du commerce

dinheiro

monnaie

Dólar

dollar

Euro

euro

Yen

yen

rublo

rouble

franco suíço

franc suisse

renminbi yuan

renminbi yuan

rupia

roupie

caixa eletrônico

distributeur automatique

casa de câmbio

bureau de change

ouro

or

prata

argent

petróleo

pétrole

energia

énergie

preço

prix

contrato

contrat

imposto

taxe

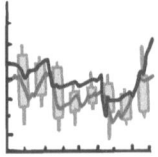

ação

action

trabalhar

travailler

empregado

employé

empregador

employeur

fábrica

usine

loja

magasin

profissões
professions

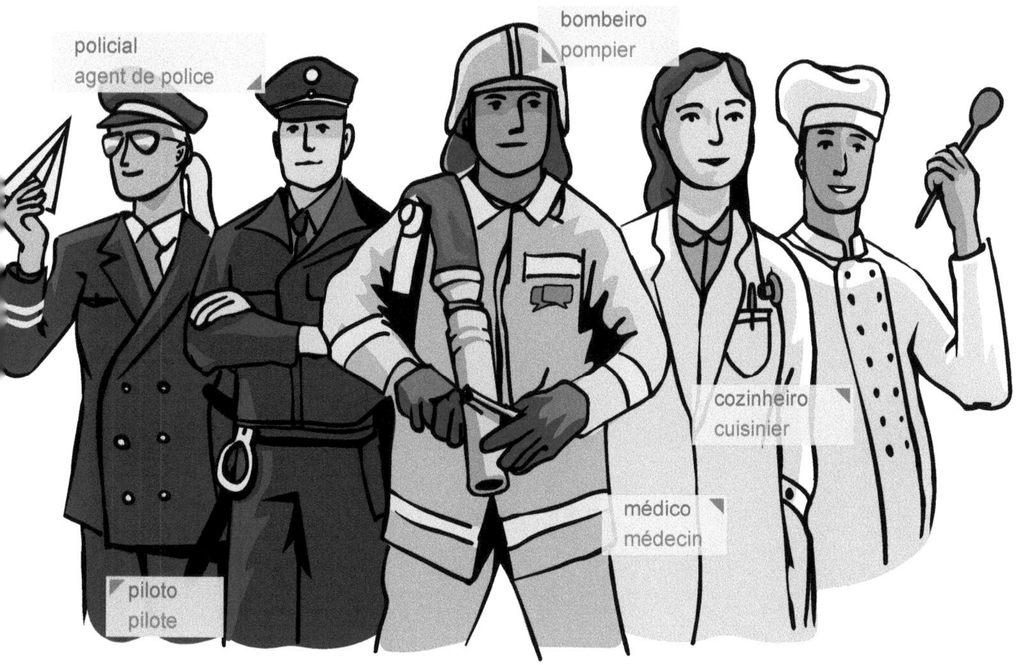
policial
agent de police
bombeiro
pompier
cozinheiro
cuisinier
médico
médecin
piloto
pilote

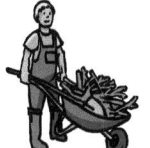

jardineiro
jardinier

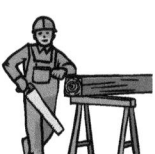

marceneiro
menuisier

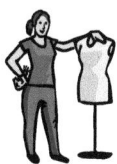

costureira
couturière

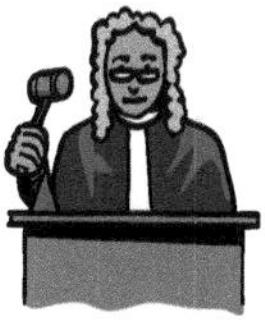

juiz
juge

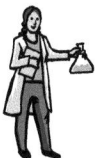

químico
chimiste

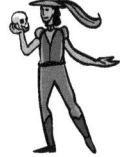

ator
acteur

motorista de ônibus

conducteur de bus

motorista de táxi

chauffeur de taxi

pescador

pêcheur

faxineira

femme de ménage

telhador

couvreur

garçom

serveur

caçador

chasseur

pintor

peintre

padeiro

boulanger

eletricista

électricien

construtor

ouvrier

engenheiro

ingénieur

açougueiro

boucher

encanador

plombier

carteiro

facteur

soldado

soldat

arquiteto

architecte

caixa

caissier

florista

fleuriste

cabelereiro

coiffeur

condutor

contrôleur

mecânico

mécanicien

capitão

capitaine

dentista

dentiste

cientista

scientifique

rabino

rabbin

imam

imam

monge

moine

pastor

prêtre

ferramentas
outils

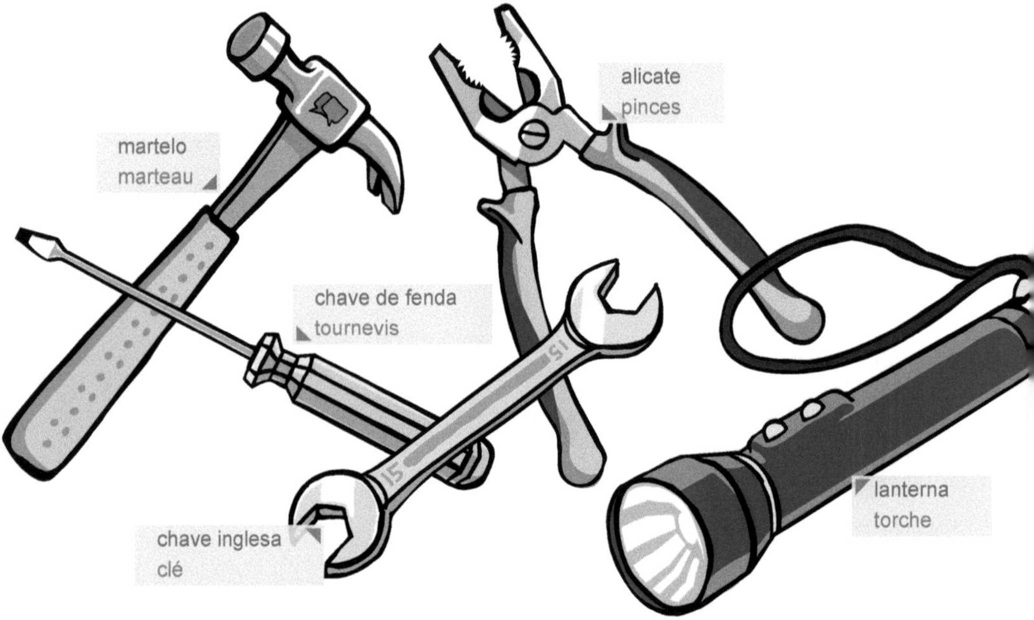
alicate
pinces
martelo
marteau
chave de fenda
tournevis
lanterna
torche
chave inglesa
clé

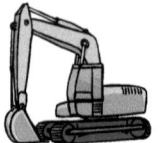

escavadora

pelleteuse

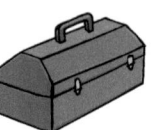

caixa de ferramentas

boîte à outils

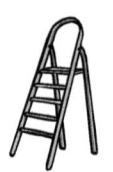

escada de mão

échelle

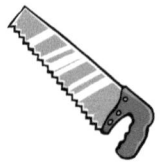

serra

scie

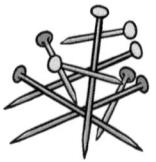

pregos

clous

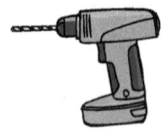

furadeira

perceuse

consertar

réparer

pá

pelle

Droga!

Mince !

pá de lixo

pelle

pote de tinta

pot de peinture

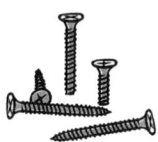

parafusos

vis

instrumentos musicais
instruments de musique

alto-falante
haut-parleurs

bateria
batterie

guitarra
guitare

contrabaixo
contrebasse

trompete
trompette

piano

piano

violino

violon

baixo

basse

timbales

timbales

tambor

tambour

teclado

piano électrique

saxofone

saxophone

flauta

flûte

microfone

microphone

zoológico

zoo

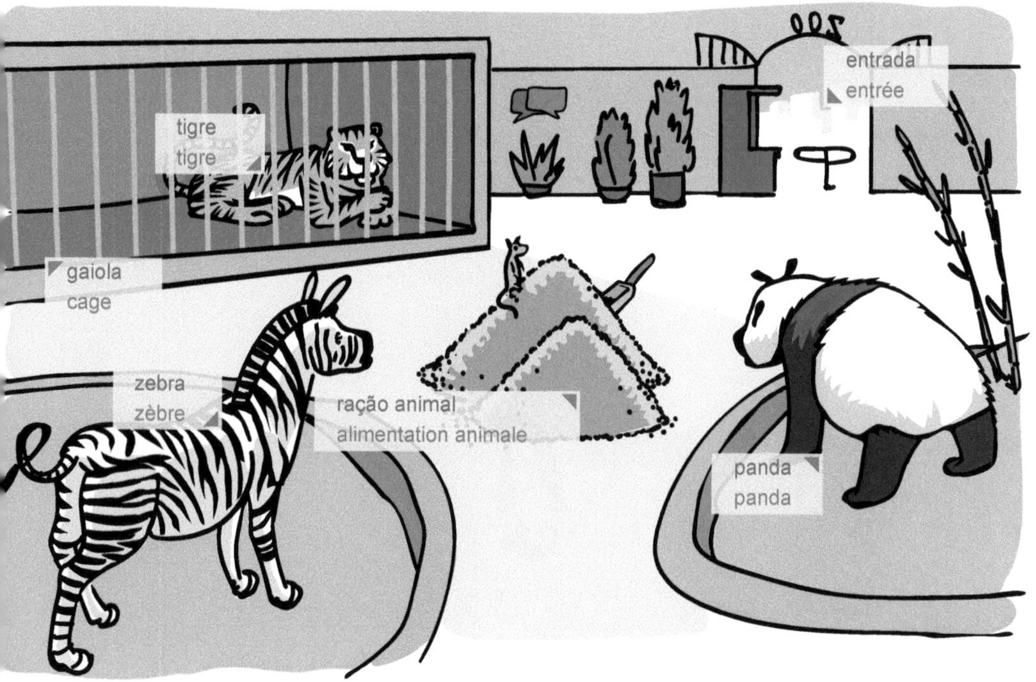

zoo
entrada
entrée
tigre
tigre
gaiola
cage
zebra
zèbre
ração animal
alimentation animale
panda
panda

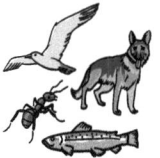

animais
animaux

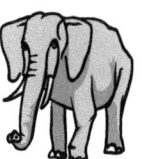

elefante
éléphant

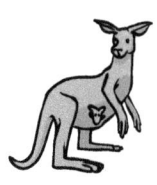

canguru
kangourou

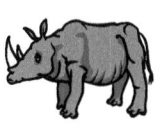

rinoceronte
rhinocéros

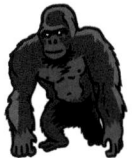

gorila
gorille

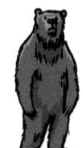

urso
ours

camelo

chameau

avestruz

autruche

leão

lion

macaco

singe

flamingo

flamand rose

papagaio

perroquet

urso polar

ours polaire

pinguim

pingouin

tubarão

requin

pavão

paon

cobra

serpent

crocodilo

crocodile

guarda do zoológico

gardien de zoo

foca

phoque

jaguar

jaguar

zoológico - zoo

pônei

poney

leopardo

léopard

hipopótamo

hippopotame

girafa

girafe

águia

aigle

javali

sanglier

peixe

poisson

tartaruga

tortue

morsa

morse

raposa

renard

gazela

gazelle

futebol americano
american Football

ciclismo
cyclisme

tênis
tennis

basquete
basket-ball

natação
natation

boxe
boxe

hóquei no gelo
hockey sur glace

futebol
football

badminton
badminton

atletismo
athlétisme

handebol
handball

esqui
ski

polo
polo

atividades
activités

rir
rire
pular
sauter
abraçar
embrasser
andar
marcher
cantar
chanter
sonhar
rêver
rezar
prier
beijar
faire la bise

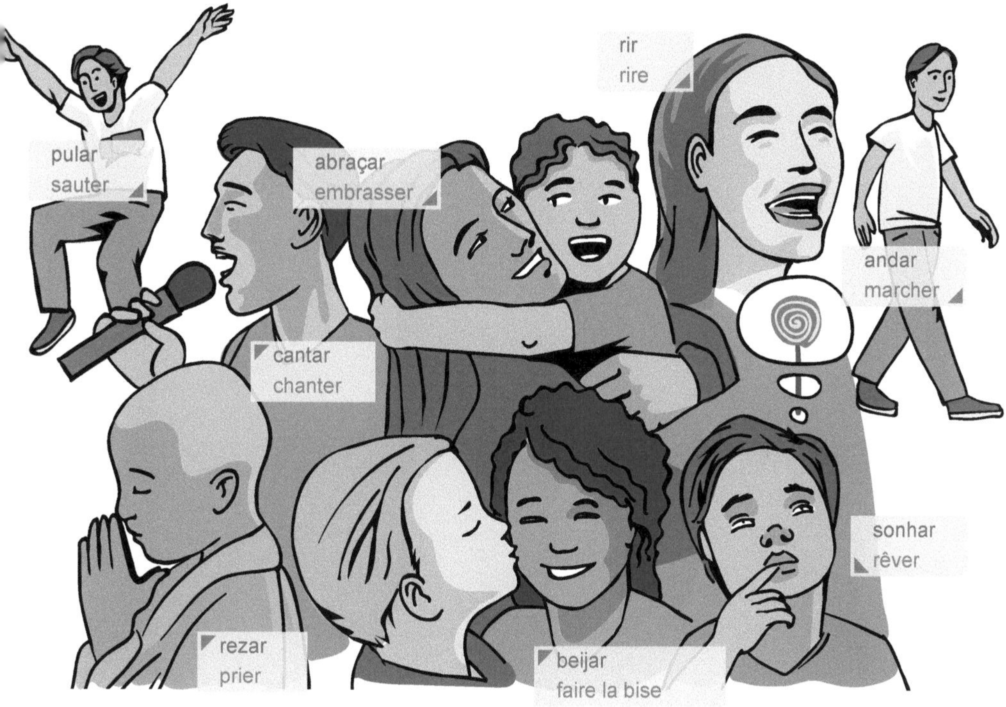

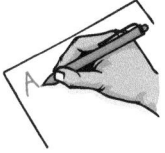

escrever

écrire

desenhar

dessiner

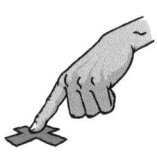

mostrar

montrer

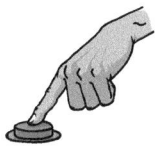

empurrar

pousser

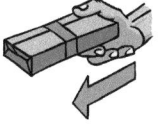

dar

donner

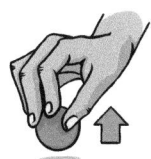

tomar

prendre

ter
....
avoir

fazer
....
faire

ser
....
être

ficar de pé
....
être debout

correr
....
courir

puxar
....
trier

jogar
....
jeter

cair
....
tomber

deitar
....
être couché

esperar
....
attendre

carregar
....
porter

sentar
....
être assis

vestir
....
s'habiller

dormir
....
dormir

despertar
....
se réveiller

olhar para

regarder

chorar

pleurer

acariciar

caresser

pentear

peigner

falar

parler

entender

comprendre

perguntar

demander

ouvir

écouter

beber

boire

comer

manger

arrumar

ranger

amar

aimer

cozinhar

cuire

dirigir

conduire

voar

voler

velejar

faire de la voile

calcular

calculer

ler

lire

aprender

apprendre

trabalhar

travailler

casar

se marier

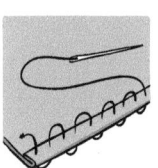

costurar

coudre

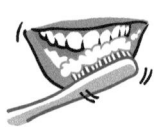

escovar os dentes

brosser les dents

matar

tuer

fumar

fumer

enviar

envoyer

avó
grand-mère

avô
grand-père

pai
père

mãe
mère

bebê
bébé

filha
fille

filho
fils

convidado

hôte

tia

tante

tio

oncle

irmão

frère

irmã

sœur

corpo
corps

testa
front
olho
œil
ombro
épaule
dedo
doigt
rosto
visage
queixo
menton
mão
main
perna
jambe
peito
poitrine
braço
bras

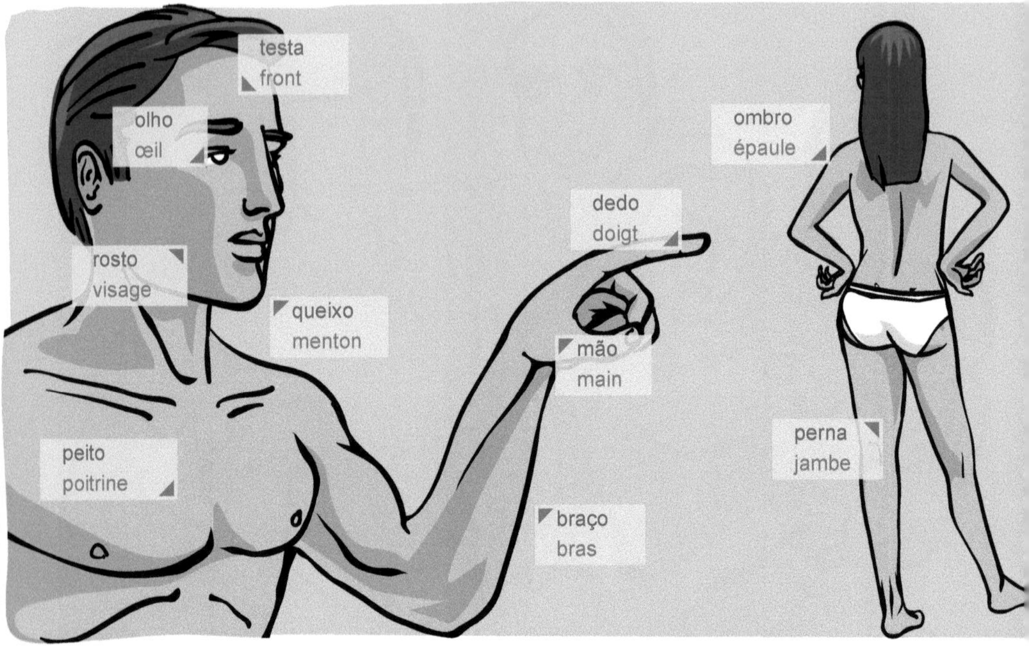

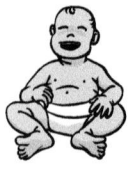

bebê

bébé

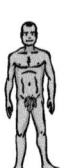

homem

homme

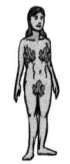

mulher

femme

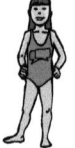

menina

fille

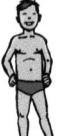

menino

garçon

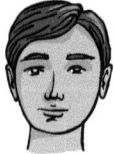

cabeça

tête

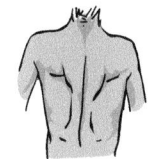

costas

dos

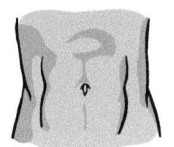

barriga

ventre

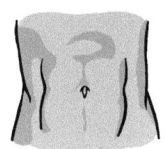

umbigo

nombril

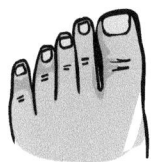

dedo do pé

orteil

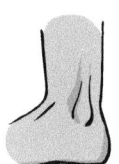

calcanhar

talon

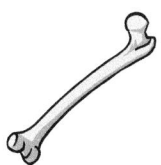

osso

os

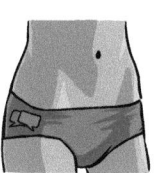

anca

hanche

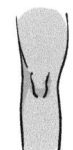

joelho

genou

cotovelo

coude

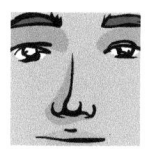

nariz

nez

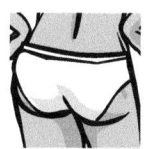

nádegas

fesses

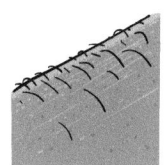

pele

peau

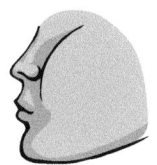

bochecha

joue

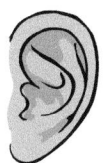

orelha

oreille

lábio

lèvre

boca
....
bouche

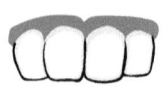

dente
....
dent

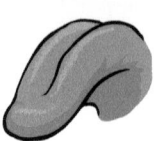

língua
....
langue

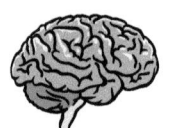

cérebro
....
cerveau

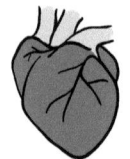

coração
....
cœur

músculo
....
muscle

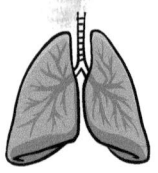

pulmão
....
poumons

fígado
....
foie

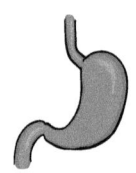

estômago
....
estomac

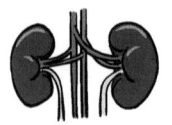

rins
....
reins

relações sexuais
....
rapport sexuel

preservativo
....
préservatif

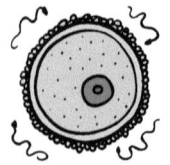

óvulo
....
ovule

esperma
....
sperme

gravidez
....
grossesse

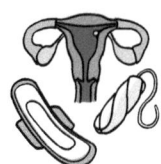

menstruação

menstruation

vagina

vagin

pênis

pénis

sobrancelha

sourcil

cabelo

cheveux

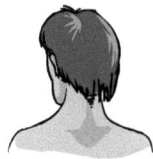

pescoço

cou

hospital
hôpital

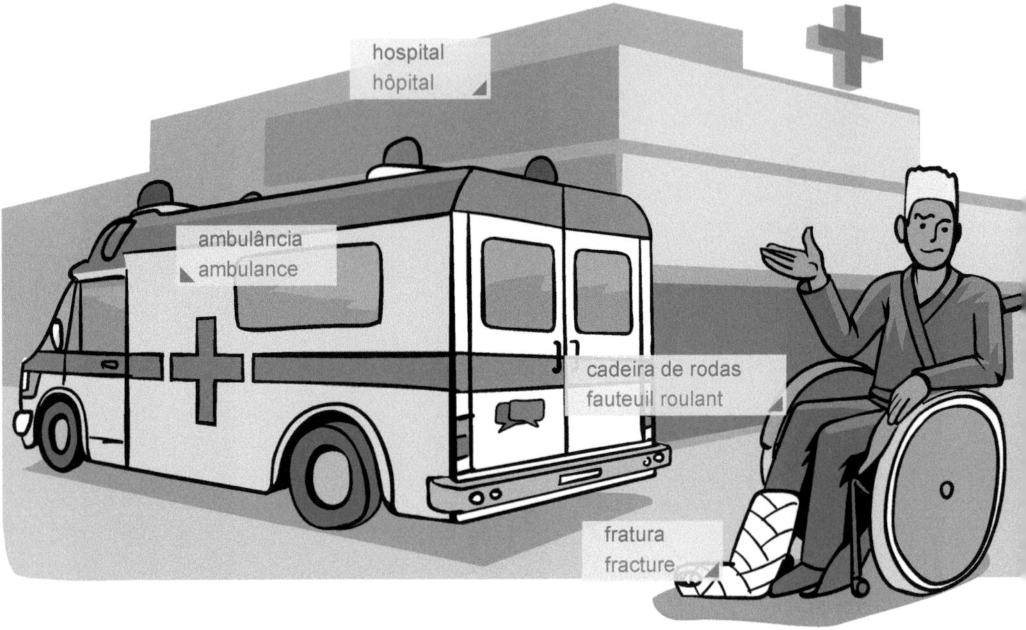

hospital
hôpital
ambulância
ambulance
cadeira de rodas
fauteuil roulant
fratura
fracture

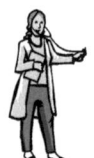

médico

médecin

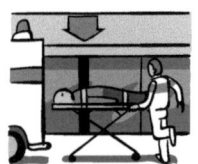

pronto-socorro

service des urgences

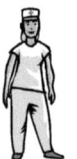

enfermeira

infirmière

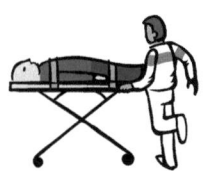

emergência

urgence

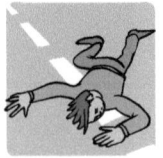

inconsciente

inconscient

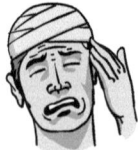

dor

douleur

ferimento

blessure

hemorragia

hémorragie

ataque cardíaco

crise cardiaque

acidente vacular cerebral

attaque cérébrale

alergia

allergie

tosse

toux

febre

fièvre

gripe

grippe

diarreia

diarrhée

dor de cabeça

mal de tête

câncer

cancer

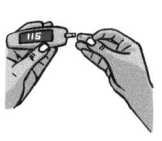

diabetes

diabète

cirurgião

chirurgien

bisturi

scalpel

operação

opération

CT
CT

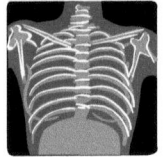

raio x
radiographie

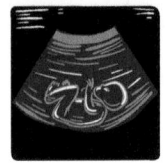

ultrassom
échographie

máscara
masque

doença
maladie

sala de espera
salle d'attente

muleta
béquille

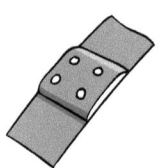

bandeide
pansement

ligadura
pansement

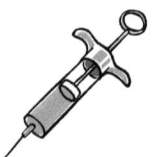

injeção
injection

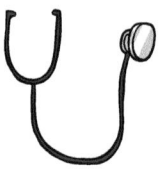

estetoscópio
stéthoscope

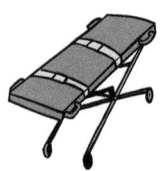

maca
brancard

termômetro
thermomètre

nascimento
accouchement

excesso de peso
surcharge pondérale

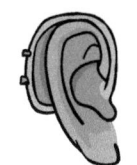

aparelho auditivo

appareil auditif

desinfetante

désinfectant

infecção

infection

vírus

virus

HIV / AIDS

VIH / sida

medicamento

médicament

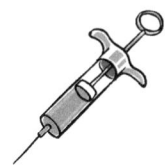

vacinação

vaccination

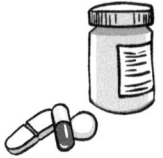

comprimidos

comprimés

pílula

pilule

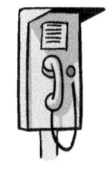

chamada de emergência

appel d'urgence

dispositivo de medição de
pressão arterial

tensiomètre

doente / saudável

malade / sain

Socorro!

Au secours !

alarme

alarme

assalto

assaut

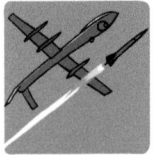

ataque

attaque

perigo

danger

saída de emergência

sortie de secours

Fogo!

Au feu!

extintor de incêndios

extincteur

acidente

accident

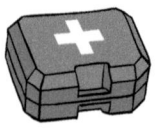

maleta de primeiros
socorros

trousse de premier secours

SOS

SOS

polícia

police

Europa

Europe

América do Norte

Amérique du Nord

América do Sul

Amérique du Sud

África

Afrique

Ásia

Asie

Austrália

Australie

Atlântico

Océan atlantique

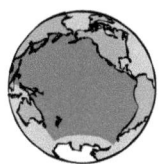

Pacífico

Océan pacifique

Oceano Índico

Océan indien

Oceano Antártico

Océan antarctique

Oceano Ártico

Océan arctique

Polo Norte

pôle nord

Polo Sul

pôle sud

Antártica

Antarctique

Terra

terre

terra

pays

mar

mer

ilha

île

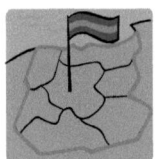

nação

nation

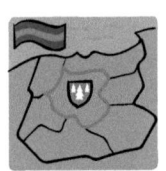

estado

état

mostrador do relógio

cadran

ponteiro das horas

aiguille des heures

ponteiro dos minutos

aiguille des minutes

ponteiro dos segundos

aiguille des secondes

Que horas são?

Quelle heure est-il ?

dia

jour

tempo

temps

agora

maintenant

relógio digital

montre digitale

minuto

minute

hora

heure

semana
semaine

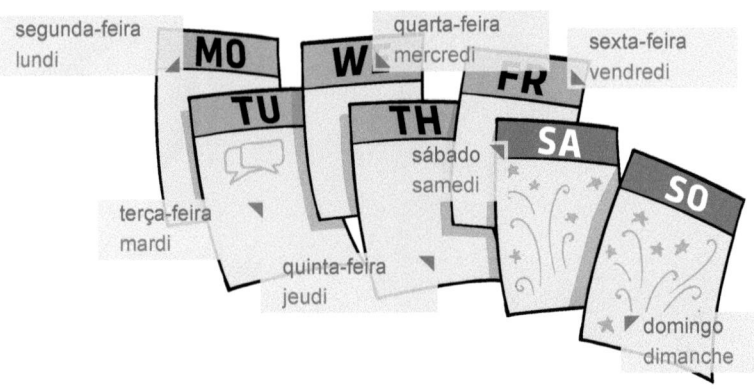

segunda-feira
lundi

quarta-feira
mercredi

sexta-feira
vendredi

terça-feira
mardi

sábado
samedi

quinta-feira
jeudi

domingo
dimanche

ontem

hier

hoje

aujourd'hui

amanhã

demain

manhã

matin

meio-dia

midi

entardecer

soir

dias úteis

jours ouvrables

fim de semana

week-end

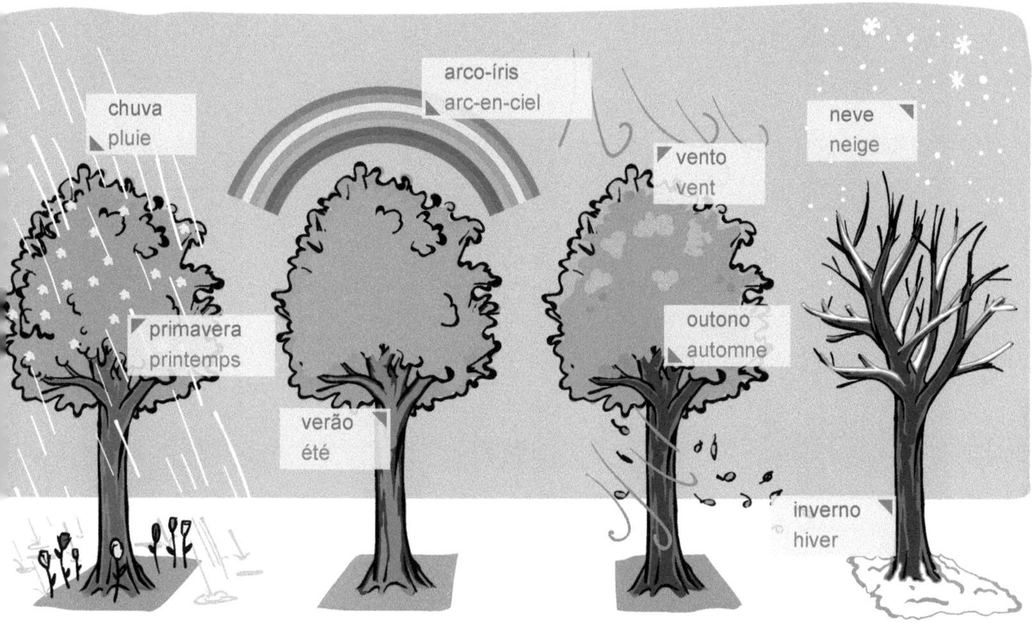

chuva
pluie
arco-íris
arc-en-ciel
vento
vent
neve
neige
primavera
printemps
verão
été
outono
automne
inverno
hiver

4.APRIL 11°
5.APRIL 4°
6.APRIL 13°
7.APRIL 8°
8.APRIL 10°

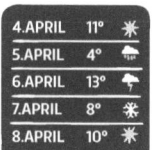

previsão do tempo

météo

F
C
120
90
60
30
0
-30
40
30
20
10
0
-10
-20

termômetro

thermomètre

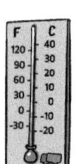

raio de sol

lumière du soleil

nuvem

nuage

neblina / nevoeiro

brouillard

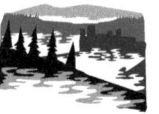

umidade do ar

humidité

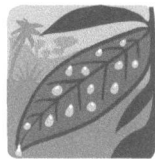

relâmpago

foudre

trovão

tonnerre

tempestade

tempête

granizo

grêle

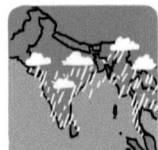

monção

mousson

inundação

inondation

gelo

glace

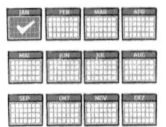

janeiro

janvier

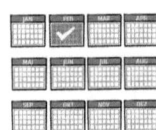

fevereiro

février

março

mars

abril

avril

maio

mai

junho

juin

julho

juillet

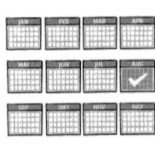

agosto

août

ano - année

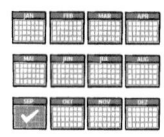

setembro

septembre

outubro

octobre

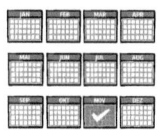

novembro

novembre

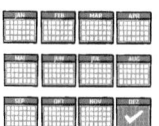

dezembro

décembre

formas

formes

círculo

cercle

quadrado

carré

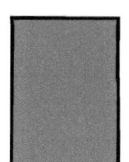

retângulo

rectangle

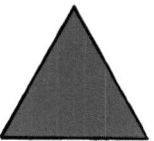

triângulo

triangle

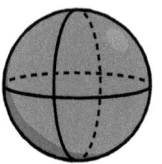

esfera

sphère

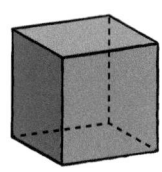

cubo

cube

branco
....
blanc

amarelo
....
jaune

laranja
....
orange

rosa
....
rose

vermelho
....
rouge

lilás
....
violet

azul
....
bleu

verde
....
vert

marrom
....
marron

cinza
....
gris

preto
....
noir

muito / pouco

beaucoup / peu

furioso / tranquilo

fâché / calme

lindo / feio

joli / laid

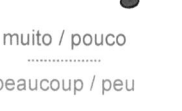

começo / fim

début / fin

grande / pequeno

grand / petit

claro / escuro

clair / obscure

irmão / irmã

frère / soeur

limpo / sujo

propre / sale

completo / incompleto

complet / incomplet

dia / noite

jour / nuit

morto / vivo

mort / vivant

largo / estreito

large / étroit

comestível / não comestível

comestible / incomestible

mau / gentil

méchant / gentil

entusiasmado / entediado

excité / ennuyé

gordo / magro

gros / mince

primeiro / último

premier / dernier

amigo / inimigo

ami / ennemi

cheio / vazio

plein / vide

duro / macio

dur / souple

pesado / leve

lourd / léger

fome / sede

faim / soif

doente / saudável

malade / sain

ilegal / legal

illégal / légal

inteligente / idiota

intelligent / stupide

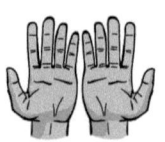

esquerda / direita

gauche / droite

perto / longe

proche / loin

novo / usado
....
nouveau / usé

nada / alguma coisa
....
rien / quelque chose

velho / jovem
....
vieux / jeune

ligado / desligado
....
marche / arrêt

aberto / fechado
....
ouvert / fermé

baixo / alto
....
faible / fort

rico / pobre
....
riche / pauvre

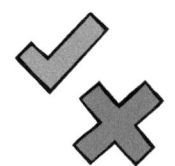

certo / errado
....
correct / incorrect

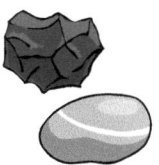

áspero / liso
....
rugueux / lisse

triste / feliz
....
triste / heureux

curto / longo
....
court / long

lento / rápido
....
lent / rapide

molhado / seco
....
mouillé / sec

ameno / fresco
....
chaud / froid

guerra / paz
....
guerre / paix

0

zero

zéro

1

um

un / une

2

dois

deux

3

três

trois

4

quatro

quatre

5

cinco

cinq

6

seis

six

7

sete

sept

8

oito

huit

9

nove

neuf

10

dez

dix

11

onze

onze

12

doze
douze

13

treze
treize

14

quatorze
quatorze

15

quinze
quinze

16

dezesseis
seize

17

dezessete
dix-sept

18

dezoito
dix-huit

19

dezenove
dix-neuf

20

vinte
vingt

100

cem
cent

1.000

mil
mille

1.000.000

milhão
million

inglês
anglais

inglês americano
anglais américain

chinês mandarim
chinois mandarin

hindi
hindi

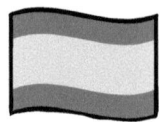

espanhol
espagnol

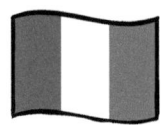

francês
français

árabe
arabe

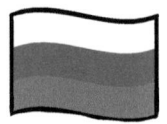

russo
russe

português
portugais

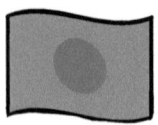

bengalês
bengali

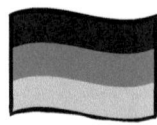

alemão
allemand

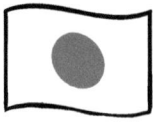

japonês
japonais

eu
je

você
tu

ele / ela
il / elle / ce, c', cela

nós
nous

vocês
vous

eles / elas
ils / elles

quem?
Qui ?

O quê?
Quoi ?

como?
Comment ?

onde?
Où ?

Quando?
Quand ?

nome
nom

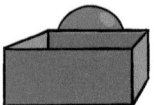

atrás
....
derrière

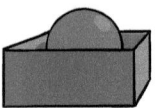

em
....
dans

na frente de
....
devant

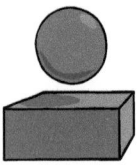

sobre
....
au-dessus

em cima
....
sur

debaixo
....
en-dessous

do lado
....
à côté de

entre
....
entre

lugar
....
lieu